JN295096

若者に贈る言葉
―光の見つけ方―

国見修二

手のひらをじっと見つめ、生命線を自分で変えていく意思

さて、どんな地図を描こうか

皆さんへ

若きこの頃は、誰もが未来に向けての可能性と不安をあわせ持ち、自己を凝視するという通過儀礼を行う大切な時期にあたります。将来に対して半ば無意識のまま、何かを求め続けているのが中・高校生そして大学生です。人生の中で、〈大志を抱く〉という青春の特権とでも言えるこの時期に、これからの人生に生きる指針となるような言葉に出会えたなら、どんなにか安心し、自信につながることでしょう。想像力を駆使して、自己の未来に光を当てることもできるでしょう。

私自身この時期には、不安と葛藤に悩まされて来ました。ここに記した短い言葉は、その経験と教師生活から生まれた私の言葉（アフォリズム）です。言葉は読み手の心に、未来に向けて自主的な行動を起こすよう働きかけることがあります。何しろ若き皆さんは、常に何かを求めている感受性豊かな夢を実現する黄金の卵なのですから。

皆さんが、これから生きるうえでのヒントとなることができれば、幸せです。

著者

〈目次〉

表紙画・挿画　山中現

未来へ

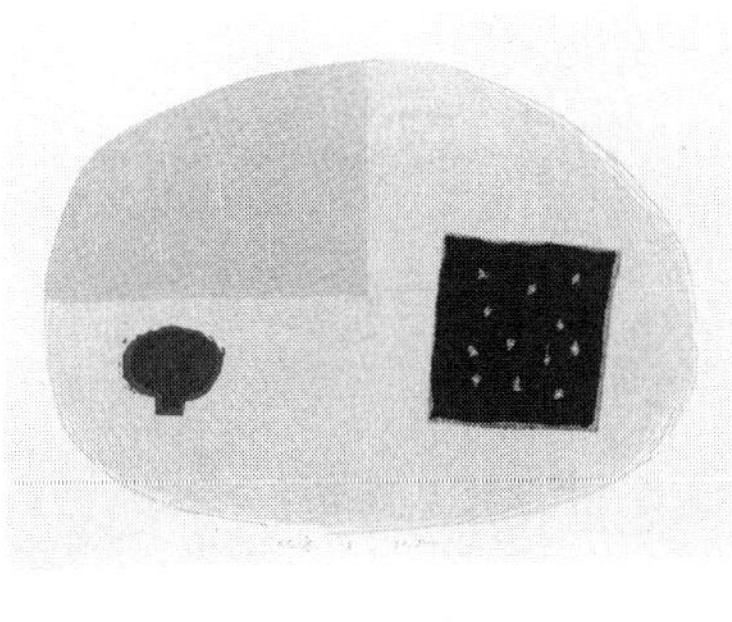

あこがれ――　憧憬するものがあること――
かえがたい何よりの大きなエネルギー

自分で握るシャープペンの先に未来が見えるか

夢をみつける　どうやって？　まず、本の海へ旅に出るんだ

❐〈乱読〉という言葉を知っていますか。本をジャンルに関係なく、たくさん読むことです。本の中からさまざまな生き方やたくさんの知識・知恵を学ぶことができます。

自分の未来を考えるとき、何を手がかりにすればよいのでしょうか?

目の前の先輩や尊敬する人物に、自分の人生を重ねるのもよいでしょう。でも限られていますね。本の世界こそ、未来を考えるベースになるでしょう。好きな本を、部屋にこもって機関銃のように〈乱読〉してみましょう。三日もすれば君の顔つきがインテリ風になっているのに気づくでしょう。

青春への門を叩《たた》くと
大きな鬼が待っていて君を試そうとする
澄んだ瞳は通行手形

❐ 人間というのは、能力はもちろんですが、人柄や印象なども、未来に大きくかかわる要素の一つと言ってよいでしょう。

自分が恩師に相談に行く行為や、人物ではなくともあの高校・大学に進みたい、あの会社に入りたいと願ったりしているとき、実は一番大切なことは、その心にあるのです。純粋な心で願っているとき、恩師も大学も会社も、きっと受け入れてくれることでしょう。

心は瞳となって表れ、努力するすがすがしさを周囲に与えます。

あたりまえのことの大切さ　あるいは平凡の大切さ
しかしここに安住できないとき、君は大きく変身する可能性を
秘めている

鳥になりたい　空を飛びたい
〈なりたい意思〉が未来を開く

ある教科の先生が言った
「人に迷惑をかけないで、好きな人生をのんびり過ごしたい」と
納得と同時に物足りなさを感じた
今の君ならどう感じる?

努力をするから、不安が生まれてくる
その不安は成功への礎である

クラシックなんて・・・だまされたと思って一曲ボリュームを
アップし、鉛筆で指揮者を演じる　さあ、どうだ？

絵　音楽　スポーツ
趣味の引き出しを持ち
人生を楽しむ

未来の自分の姿を三年ごとにイメージする
大人になったら、オリンピックごとの自分を想像する

❒　二〇〇八年八月に北京オリンピックが中国の北京で開催されました。私が中学一年生の時、三年後にはどこかの高校に入って、また三年後には社会人かなあ　それとも大学生になっているのかなあと考えました。大学は四年が普通ですから、四年後は・・と考えるわけです。三年後、四年後という数字は、青春時代に重要な意味を持ちます。「その時どうしているかな」と考えることは、未来を覗《のぞ》くことにつながります。社会人になったら、「次の四年後のオリンピックの時はどうしているかな」と想像すると、生き方にリズムと展望が生まれます。そして、「そのためにどうすればよいか」の行動を起こすきっかけが生まれます。

続けてなんぼ
やがてその道で対等に勝負できる時が必ず来る

「門を叩け」自分からプッシュする
手紙で言葉で　青い鳥を探すのは君

計画を立てて実行したら一つずつ消していく
消すたびの充足感

大人への関心
一気に飛び越えてはもったいないよ
人生の果実も知識の栄養とゆったりとした時間が不可欠なんだ

人生の中で、黒船のような友と出会うために
知識の砲弾を今から準備したまえ

良書・良友・良旅　・・・将来へつながる三つの大黒柱

私

自分の全身を鏡に映してみる
たったこれだけの身体
されど無限に拡がる精神

❒ 人間はちっぽけなものだと思います。身体を鏡に映してみてもライオンのようなたてがみもなければ、象のような牙もありません。ましてや病弱な身体では、情けない気持ちになってしまいます。

でも、じっと鏡を覗く自分の瞳の奥から、鋭い光のようなものが感じられませんか。それは精神の光です。このちっぽけな身体と宇宙を比較したり、自分の未来を思ったりすることもできます。

精神を無限にまで作用させるのは、あなた自身です。

元旦のひきしまった空気と精神を失わないために
毎月の初めをミニ元旦とする

〈夢〉を私という未完成の内で飼育する
〈羽化したい〉という願いを餌にしながら

「ありがとう」と言えない損な君
だからこそ少し勇気を出して言ってほしい
「ありがとう」

前に出ることの苦手な君　このはずかしさは人にには理解できない
「おお、ああ」はずかしさに染まる君　でも君を求めている場
は必ずある

快速電車のリズム
各駅停車のリズム
新幹線のリズム
君はどのリズム？

電車に乗って、旅に出る
ノー携帯　ノーゲーム　ノーマンガ
ノートと一冊の本をたずさえて

ほめられた時のはにかむような君の顔
地球の生物を代表するいい顔だよ

自分を大切に大切に想う
すると周りの人と話したくなる

コンビニのおにぎりをリュックにつめて
美術館の名画を一日観る

❐　学生の頃、大学の先生から「弁当もって一日美術館に行ってみろ」と言われました。私にとっては、カルチャーショックでした。それからは、美術の展覧会があると、覗くようになりました。とても一日中というわけにはいきませんが。

名画の前に立ち、じっと画を見つめる。画の方から語りかけてくるのを待ちます。名画と私とのよい関係ができると、親しみがわいてきます。画の楽しみ方を知るのは、音楽同様に人生を豊かにしてくれます。将来自分の気に入った画を、自分の部屋に飾りたくなります。

気分転換の方法
音楽・散歩・おしゃべり・読書、メール・シャワーに手紙

❐　君の気分転換の方法は何でしょうか。気分転換がうまくいくと人生はハッピーになります。一つの気分転換で一日がうまくいったり、人生の荒波をひらりとくぐりぬけたりすることも可能となります。

私の場合、日常ではミニ散歩をします。また夏など日に三回はシャワーを浴びます。休みの日には、音楽を聴きます。自分がいらだったり、心にもやもやがあるときは、ランニングもします。

その日その時、自分にできる気分転換の方法をいくつも持っているといいですね。

「気づいてほしいこと」に気づく心を持つ

目の前の人に自分から声をかけ話し合う場を作る
場作りは大人への条件

井の中の蛙《かわず》　一歩這い出てパノラマ全開

笑顔で「おはよう」が言えた
このひと言で世界が広がり始めるなんて

数学　・・・またもや三十五点
人より倍の倍の時間をかけて次にステップ

「学校の帰り道、わたしはテストの答案用紙をちぎりながら歩いていました。今思い出しても苦さだけが残っています。

小学校の算数から「数学」に教科名が変わりました。何とかるさと、テスト勉強をやりませんでした。点数は見事0点。因数分解などの内容だったと記憶しています。ちぎったテストは道のそばに流れる川に捨てました。花びらのように流れる答案用紙は、私をあざけるように「努力をしないからなあ」と言いたげでした。

それからです。苦手なものは二倍三倍と時間をかけるようになりました。それでも、四十点くらいしかとれませんでしたが。

何回も何回も紙に書いて覚える　暗記力が弱ければ
手の感覚で覚えちゃえ　人の二倍いや十倍

努力が開花しないとなげく君
開花直前に〈俺には才能がない〉と
努力をやめているのさ　もう少しの辛抱だよ

一番の敵はやはり自分自身の心
ならば時々自分の心に問うてみる

みんな小さな自分から出発している
あせるな　あせるな
まずは小さな一歩から

自転車で旅にでる
坂を上りながら考える
坂を下りながら考える

❐「人生の最大の発明は自転車である」と言い切った詩人がいます。自転車には人生の真理が隠されているからです。

私も自転車でよく旅に出ました。新潟から金沢、山形、日光まで銀輪を走らせました。友人と二人のときや一人の旅もありました。日光のいろは坂では、とても上りがきつく、すべて自転車を引いて上りました。

ここで気がつくのです。汗を流して山を越えると、必ず気持ちのよい楽な下りがあることを。つまり上りと下りがセットとなっているのが人生だなと。汗を流した後に風を切って下る道。なんて気分がよいのでしょう。最近は、エコの視点で自転車が注目されていますが。サイクリングに出てみませんか。

鏡に向かって、姿勢を正してみる　もう一人の自分の発見

未知数の潜在能力に乾杯

友

君の名前をノートに書く
そのときドキドキするなら　恋の始まり

❐　誰でも好きな子ができると、ノートに名前を書いてみるものです。あるいは、気づかれると悪いので、イニシャルで書いたりします。そのとき、鼓動が聞こえればもう恋は始まっています。あまり意識はしていないと思っていますが、名前を書いてみると、じんわりと心の中から、とまどいが伝わってきて、ちょっぴり緊張している自分に気がつくでしょう。

ノートにこうして自分の想う子がいること・・・・今後どのように発展するかは未知の世界ですが・・・。青春の入り口では、恋は人格形成に大きな好い影響を与えてくれます。人間ですものね。

どんなに仲良しでも嫌なところはあるものさ
完璧なんてありえない　だからつきあえるのさ

けんか　ケンカ　話したくない
黙りこくってカビのような君と僕
明日は言葉を太陽に当て「ごめん」とひと言

友達の心　父母の心
そして客観的に自分の心を思う

メールをやめて手紙を書いてみた
ああ、こんなに言葉の意味が深いなんて

蛍を君にプレゼントしたくて
ガラス瓶にとじこめた
愛がほのかに点滅する

❒ 恋は盲目といいます。恋はある意味では、一方的であると言ってよいでしょう。

好きな子のためには、できることを何でもやりたくなります。蛍を瓶に入れて君に届けたい。点滅する蛍の光はまさに私の想いであると。ロマンチックですね。

想いを受け入れる子にこの瓶が届いたなら「ロマンチックな人」と感動するでしょう。

「しかし」である。もう一度いいます。恋は一方的です。それを受け入れる女の子は、きわめて少数派であると断言します。

ここでまた「しかし」です。それでも好きな想いをロマンチックに伝える行為。すばらしいことは確かですね。

友達から悪口を言われている友がいる
「やめておけ」のひと言が言える仲間関係でいたい

❐ 友達やクラス、集団って何でしょうね。あるいは好い仲間って何でしょうか。好い人間関係のときは、何も問題はありません。困ったときや辛いときが問題です。ましてや今、社会問題となっている〝いじめ〟は、仲間、集団の関係が大きく作用しています。いじめにあっているとき、仲間の一人が「やめておけよ」のひと言を言うだけでもいじめは深くならないし、そこでなくなるかもしれません。ですからいじめ問題は、周囲の仲間が重要です。「やめておけ」のひと言が、一人、二人と言えたならばよい集団でしょう。困っているときこそ、仲間が大切です。

「私を理解してほしい　理解してくれない！」と君はいう
ならば君は友を理解しているか

友達から悪口を言われる　笑うほかない瞳の奥の悲しみ
気づいてほしいな

手でボールの形を描き相手に投げる
ヘディングで球が返ってくる関係

❐物を言わなくても通じ合うことがあります。難しい言葉では、阿吽《あうん》の呼吸とも言います。つまり心と心が通じ合っていることです。

私はときどき子どもに、ボールを手で描いて子どもの頭に投げる仕草をします。初め子どもはキョトンとした表情を見せますが、もう一回投げると見事にヘディングで返してくれます。二、三回繰り返すとりっぱなサッカーの練習のようにも見えます。

友人との関係も、このようなものでありたいと願っています。友人だけでなく、家族や学校でもこんな関係を作りたいものですね。

「もう走れない」
その時「がんばれ」の友の声
するとまた走ることができる
言葉は魔法だね

❐ 私は中学校時代、陸上部に入っていました。新任の熱心な教師が顧問となられました。そして早速練習が始まりました。

私は、四百メートルを選びました。そしたら、すごい練習が待っていました。インターバルと呼ばれる練習方法で、百メートル程を全力で走り、その後歩かずにゆっくり走りまた全力で走ることを繰り返すのです。つらい練習でした。もうへたばって、「もうだめだ」と、肉体的にも精神的にも思ったとき、「修二、がんばれ」の声が聞こえました。目をやると、となりで練習している野球部のクラスメートの声でした。その声を聞いて私の心身はよみがえり、また走ることができました。本当だよ。

とっておきの秘密兵器
はじける君の笑顔爆弾

❐ 私の友人に、知らない人でもいつの間にか自然に友人を作れる人がいます。初めて知り合って三十分もしないうちに、もう竹馬の友のような感じで冗談を言い合っています。特別顔がよいわけでもありません。

本人は気がついていないかも知れませんが、笑顔が多いのです。その笑顔に人は安心感を抱くのです。そうすると本音で物が言えますから、自然に緊張しないで語り合うことができるのです。

自分ではよく分からない笑顔。時に鏡をのぞいて笑顔を作ってみましょう。その素敵な笑顔で語ってください。

恋しいと胸がわくわくする
空も木々も自分の声さえも新鮮に思える
そのプラスの感覚を武器にする

君は知らない　君の笑顔を
君は知らない　君の澄んだ瞳を

自然

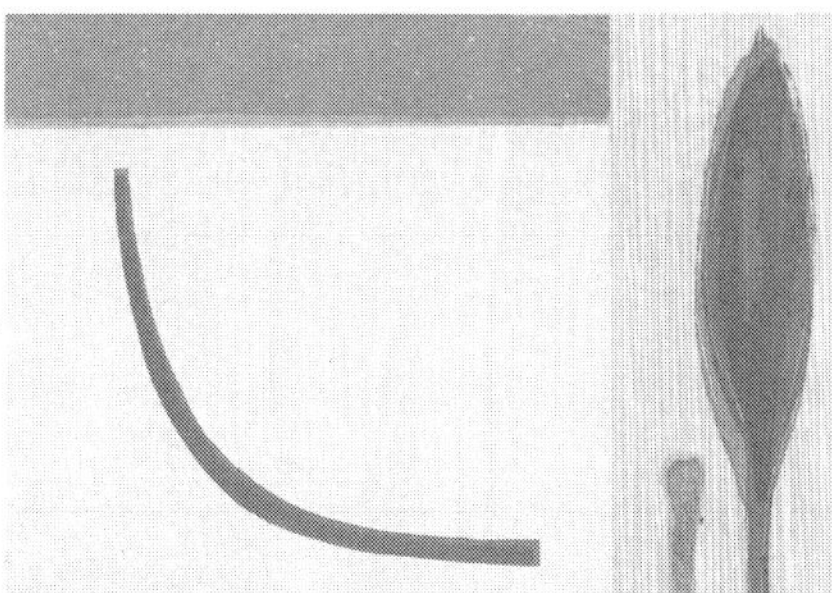

一番美しい季節に一番美しい笑顔で散歩する

散歩する　音楽を聴かずに　ただ歩く
すると落ち着いた思考が音符となる

聴こえるかい
風の音　青空の音　宇宙からよびかける音

深呼吸する　心も体も
ゆっくりと歩いて自然と対話する

ひとり草の上に仰向けになり
青い空の奥までじっと見つめてみる

❐　石川啄木の有名な歌に「不来方《こずかた》のお城の草に寝ころびて空に吸はれし十五の心」があります。若者はどうやら若い時に大地に寝転んで空を見上げたようです。砂浜や山の上に寝転んで、空を見つめて自分の未来を考えたのでしょう。山村暮鳥という詩人は、「おうい雲よ　ゆうゆうと馬鹿にのんきそうぢやないか」と呼びかけています。

一人で空をみつめるには、想像力が必要です。何もないはずの青空の彼方に、自分の未来の姿を発見しようとしているのですから。

私は学生の頃、よく屋根に寝転んで空を見つめていました。

蟻　風　海　空　宇宙
そして両手を広げた自分の位置

確実に一日が終え朝はやってくる
窓の外は全てが生まれ変わって君を待つ

感じますか
風のにおい　海のにおい　雪のにおい

まぶしいチーターのような君
湿り気が好きなカタツムリのような君
地球を背負って、共に生きている

走って風を呼ぶ　すると耳元に風がささやく
「生きてるっていいな」と

春と夏と秋と冬が必ず来る
そして君の四季も

水面《みずも》にゆれる際限のない光の輪
その中をぶくぶくと息を吐き出して
もぐってみるのだ

❐　水中にもぐるのが好きです。プールでも海でも身体を水に沈めると、不思議な世界が待っています。上を見上げれば光の網の輪。素敵ですね。

その中を胸いっぱいに吸い込んだ空気を、ブクブクとはきながら進みます。するとどうでしょう。自分が一匹の魚であったり、ラッコやペンギンであったりして、その気分になります。

たまにはパソコンの世界から抜け出して、水中散歩を楽しみましょう。

どうしてこんなにつらい　山登り
どうしてこんなにすばらしい　山頂からの風景は

❒ 私の好きな詩に小野十三郎さんの「山頂から」という詩があります。中学生のとき、国語の教科書で出会いました。詩の中に、「きみは山頂よりも上に　青い大きな弧をえがく　水平線を見たことがあるか」の言葉にしびれたことを思いだします。

　中高年の皆さんは、登山ブームと聞いています。私は若い生徒・学生こそ登山ブームになってほしいと強く願っています。なぜなら登山には、人生が凝縮されているからです。

　どの登山口から登っても、必ず登りがあります。登りのない登山などないからです。皆さんも登山をして、山頂から大きな水平線を見上げてください。

山に登り暗闇の中で何も考えない
考えないことが人生を考えている
星の瞬き

蛍の舞い　淡い光のゆらめき
ふるさとの記憶として刻印する

真夏の海で背泳ぎしながら
青空に〈青春〉の文字を浮かばせる

❐　青春に海はよく似合います。未来をみつめる時に、海は格好の舞台となります。海に向って叫びたくなるのは、人間の本能なのでしょうか。

小説家の坂口安吾は「私は蒼空を見た。蒼空は私に沁みた。私は　瑠璃色の波にむせぶ。私は蒼空の中を泳いだ」(『ふるさとに寄する賛歌』) の中でこう記しました。青春の鬱屈《うっくつ》した精神は、海に開放を求めます。

海やプールで背泳ぎしながら、青空を見つめてみましょう。〈わたしの青春とは何〉と、空に問いかけましょう。

青い海に身をまかすと
自分が雲のように想えてくる

泳げない　力をぬいて魚の気分で
ほら浮いた

決断

進むべきか？　「どうする　どうする」と　自問しながら
胸の奥から「やってみろ」と突き上げてくる言葉を待つ

「今やらなくていつやるのだ」と　自分で自分にしかりつける
青春への通過儀礼

前へ前へ　時には後ろへ
どちらも大切なバランスなんだよ

〈勝負できる〉と感じる瞬間がある
このチャンスを逃すな

決意して人生のドアを叩く時の上気した君の顔
こんな光り輝く顔は二度とない

集団がまっすぐに進んでくる
一人逆行する私

優柔不断な君
その中で最後まで絶対に譲れないもの
それが君の宝

自信なんか皆無、ドキドキ　まるでだめ
それでも進まなければならない時がある

思慕するほど大切な人生の師を見つけたならば
サインはゴー　いざ出陣

❐理想の人にであった時に、自分の未来の職業をその人に重ねようとするものです。例えばスポーツ選手との出会いや担任の先生に理想を見出し、同じ職業になりたいと思ったことはありませんか。ある意味でそれは、人生の進むべき道の師に出会ったことになります。たとえその職業が実現できなくとも、一時でもその道を追及したのですから、人生の充実した喜びを味わったということになります。

私は文学をやりたくて、大学に進みました。師の姿を自分に重ねるわけですから、尊敬する大学教授の髪型や少し猫背の様子、歩き方まで似てしまい「そっくりだ」と友人に冷やかされ、初めて「ああ、そうか」と気がついたことがありました。

よい師を見つける。自分で行動して初めてチャンスが訪れます。

〈集団から離れて一人〉が
実は大切な時期もあるものだ

❐人は群れたがるものです。一人だと寂しいし、人と同じことをやっていれば安心しますね。「寄らば大樹の蔭」という言葉があります。大きな組織などに属していれば、将来も安泰だよというニュアンスを含んでいます。

若い皆さんは、果たしてこれでよいでしょうか。大きな流れに乗らずに、自分の道を歩きたい。いや、歩くべきだと思います。

青春の意思とは、真理の探求にあるからです。真理を求めるとき、集団という存在について、懐疑的にならざるを得ません。集団は、〈個〉と対峙する関係にあるからです。青春とは、その時期にあたります。

果てない物事への興味・関心――疑問符を枕にして
やがてそれは本物の世界へとつながる

自分の心に激しく切り込む本に出会ったなら
その世界に賭《か》けてよい

わからないから、ノートに繰り返し書いたアルファベット
そしたらノートが話しかけてきた　「もう覚えたよ」

ＫＹ　空気が読めないときは
〈エイ〉と呪文を唱えて青空を見つめる

「この努力つらいな」と感じる　しかし三日続けると
へっちゃらになるから不思議だ
いざ四日目へ　そして当たり前へ

❐「三日坊主！　なんてすばらしい」と思います。なにしろ三日も続くのですから。私は早朝マラソンは一日。高校生の頃進学のラジオ講座は一日目の始まりの音楽だけを聞いて、もう投げ出しました。

最近では、早朝座禅がやっと三日続きました。いろいろやるなかで不思議なことに、最後まで残るものが一つか二つあるものです。それは「やらないではおけない、やらないと自分ではない」と心底思うものです。それがみつかればしめたものです。

他人が何といおうと、自分でも驚くほど続くもので精神と肉体が一緒になって、やることが当たり前になるのです。私の場合は、剣道と文学です。

途中で終わるのは、自分に合っていないからだと思いましょう。

最後に勝負する日が必ず来る　学問でもスポーツでも
そして君の好きな子にも

❐　勝負する日を、人は延ばしたがるものです。テストの日や大会、やがて来る卒業の日など。その日を迎えるためにはそれなりの準備が必要ですから、人はなるべくその日を考えないようにして、「まだ先だから」と自分に言い訳して、準備をしないものです。

でもテストも、大会も、卒業の日も必ずやって来ます。ましてや好きな子に告白する日がきます。そのチャンスを逃がしたら、結局何もしないで、自分にとって都合のよい言い訳をして終わってしまうだけとなります。

「勝負する日」を頭に思い描くことは、想像力を使うことです。その日、その場面のためには準備が必要です。

世の中を批判する　それは君自身の実行力が伴う批判だろうね

クラスの中で一位　市で二位　県で三位
全日本では？　そして世界では？
おお！世界の広さよ

家族

ふるさとを想うと　悪いことができなくなる
ふるさとの風景の中に　母の顔がいつもある

父母を思う　父母が気にかかる　父母を批判する
やがてまた父母を思う　君は今どこの位置かな
父母が元気だから選べる贅沢《ぜいたく》な悩み

反発する気持ち　経験しているよ
正答でさえ反発したくなる年頃　わかっているよ

しかられてカーッとなる　当たり前
しかられて「よかった」と思う時もある
ひと回り大きくなった自分に気づく時

君の中にある家族の絆《きずな》
捨てても捨てきれないから素直に受け入れる

お父さんは君に言いたい　お母さんも君に言いたい
でもじっとこらえ続けている　察してくれよ　君

❒　子ども達が幸せになってほしいと、親は皆願っています。その願いは、外からみれば親ばかにみえるでしょう。でも親の立場になってみれば、真剣そのものです。

子どもはやがて成長し、親の言葉や視線が気になってきます。「もう十分承知しているよ」と、親は子どもを理解しているつもりでも、子どもは親の思うとおりには、なかなかなってくれません。それだから、ついひと言子どもに言いたいのですが、グッとこらえてがまんをしている。

「親の気持ちを察する年頃なのだがね」と、ついまたひと言いいたくなるのですが。

手のひらで母が豆腐を切る
こんな繊細な料理方法でこしらえた
味噌汁はうまいにきまっている

❒ ある本で、手のひらで豆腐を切るような料理方法は日本人だけだと読んだことがあります。納得しませんか。豆腐を手のひらに乗せ鋭利《えいり》な包丁で切る。力を入れすぎれば、手が切れてしまいます。その加減が日本人の感性だと思います。

思いやりと呼んでもよいでしょう。配慮が常にその行為に隠れていませんか。

母の料理が今日も食卓に並びます。感謝せずには、いられませんね。そしてその繊細さが、生き方として私たち日本人に流れていることを思い出しましょう。

食卓の会話はおいしさを倍増する

私の得意料理
母の味に似ていると気がつく

想い

短冊に今年も同じ願いを書いて笹に結びつける
願い事は〈今年こそ〉と星空で一瞬きらめく

❐　七夕が近づくと子ども達は、短冊に願いを書き笹に結びつけます。ところが大人になってからも願いを短冊に書き続ける人は、そう多くはいないでしょう。もちろん、〈家族が幸福になりますように〉などの一般的な願いとは別ですが。

年齢を重ねても、同じ願いを書き続ける人は、本物になる人だと思います。何故なら、本当の願いとはそう簡単には叶わないものだからです。〈なりたい〉と思い続けて、やっとやっと夢は叶《かな》うものです。

短冊の願いは、夢を実現する指標です。期間を定めて、続けて飾りましょう。

瞬《またた》くオリオンの光をじっと見つめる
君の精神も冴《さ》えているか

「何故」と問いかけること　自分の心に何回も何回も
心が応えてくれるまで

手まりつきの良寛さんがおっしゃった
「世の中で一番苦しいことは、人の心が離れること」だと

失敗した　負けてしまった
その時、涙があふれ出て悔しい気持ちになれば
次は成功に近づく

落ち込んで　深く落ち込んで　また落ち込んで
今朝は笑顔で出発する

努力しても解決できないことがある
身体的なこと　生い立ちや能力など
しかし　人生を変えるのは
君の前向きな努力と笑顔である

口笛を吹く　歌う　心がスキップしているときのこぼれる笑顔

ふるさとを想うとひび割れた心に
泉があふれ出す

大晦日　除夜の鐘を聞きながら　一人座禅の真似をする

❒ 中学校三年生のときだったでしょうか。大晦日に除夜の鐘がなり始めると、茶の間でテレビを見ている家族からそっと抜け出し、一人で部屋に入り座禅の真似をしました。どうしてかは分かりませんが、「何かをしたい、これからどうするんだ。」という思いがあったことは確かでしょう。

座禅の真似ごとをしていると、何も考えないようでいてしきりに自分の未来を考えていることに気がつきました。ストーブもない部屋でしたが、寒くありません。それから毎年大晦日には座禅を組むようになりました。その思いをノートに、「元旦の誓い」として書くのです。

たった一つの注文

〈悲しみを知る人間となれ〉

❐ 人間は何故生きているのでしょう。自由な国、日本。最低限、人に迷惑がかからなければ、どんな生き方をしてもいいはずです。生きる人の自由でしょう。

しかし、人として忘れてはならないことがあります。それは悲しみを知ることです。災難にあったり病気になったりして苦しんでいる人の心を思う気持ちは、人としての最低条件です。

悲しみを知ることは、相手の痛みを感受できることです。この心があれば、人の子として認められます。

君の今の想いを言葉にしてみましょう。

国見 修二（くにみ しゅうじ）
一九五四年新潟県生まれ
上越教育大学大学院修了

□著作□
詩集『鎧潟』（土曜美術社）
『青海』（青海町）『戦慄の夢』（近代文芸社）
『雪蛍』（よっちゃん書房）
詩画集『ふるさとの記憶』（上越タイムス社）
短編集『黒光り』など多数
小学校、高校の校歌作詞
組曲『妙高山』作詞
千代の光酒造『雪蛍のさと』ラベル詩作成
青海音物語『石の聲・記憶』原作
全国各地で画家の渡部等と詩画展を開く
日本詩人クラブ会員
上越「詩を読む会」運営委員

画・山中 現（やまなか げん）
一九五四年福島県生まれ
東京芸術大学大学院修了

（作品名）	（技法）	（頁）
かげとかたち	木版画	表紙
空の近く	木版画	11
白いかげ	木版画	18
夜の彼方へ	木版画	55
ザ ナイト ピースⅢ	木版画	68
星の見える場所	木版画	77
赤いかたち	木版画	99
幼年時代の思い出Ⅰ	木版画	119

他カット8点

若者に贈る言葉
―光の見つけ方―

二〇〇八年十一月十一日初版印刷
二〇〇八年十一月十七日初版発行

著　者　国見修二
発行者　生井澤幸吉
発行所　玲風書房
東京都中野区新井二―三〇―一一
電話〇三（五三四三）二三一五
ＦＡＸ〇三（五三四三）二三一六

印刷製本　株式会社　ワイズ

落丁・乱丁はお取り替えします。
本書の無断複写・複製・転載・引用を禁じます。
ISBN978-4-947666-47-5 C0095
Printed in Japan ©2008

玲風書房の詩画集シリーズ

これはこれは
詩・新川和江　画・野見山暁治

深く胸打つ表現で多くの人びとを感銘させてくれている詩人と、自由闊達な描線のなかに絵の本質をつきつけてくる画家との詩画集。

A4変型判　上製本　六六頁
定価2,520円

人体詩抄
詩・新川和江　画・甲斐清子

人生を謳い、女性の想いをことばで表現する詩人と、〝人体〟に生命力を入れて描き出す画家とによる〝人〟を見つめる詩画集。

A4変型判　上製本　五〇頁
定価2,800円

また来ん春…
詩・中原中也　画・清宮質文

悲しみや傷ついた魂を謳った詩人と、静謐で深遠な心を木版に刻んだ画家とのふたつの魂の織りなす詩画集。

A4変型判　上製本　六六頁
定価2,520円

青は遠い色
詩・谷川俊太郎　画・堀本恵美子

本を開いた瞬間に「青」の世界に。そして優しい愛のことば。詩と画が優美にスリリングに調和された詩画集。

A4変型判　上製本　六六頁
定価2,345円

鳥の夢
詩・松永伍一　画・脇田和

人と自然をみつめ、生きることのすばらしさを謳う詩人と、やさしさと人間愛につつまれた画を描いた画家との詩画集。

A4変型判　上製本　六六頁
定価2,520円

※定価は本体価格に消費税を加えた金額です。